Innovation live

Innovation live

www.hlp-connex.de

Innovation live –
Partnerschaft für Management und Wissen

Beiträge von

Klaus-Peter Schulze, ZukunftsAgentur Brandenburg (ZAB)
Matthias Hirzel, HLP Management Connex GmbH
Ulrich Junghanns, Wirtschaftsminister Brandenburg
Hans-Peter Hiepe, Bundesministerium für Bildung und Forschung (BMBF)
Eberhard Knödler-Bunte, University of Management and Communication, Potsdam (UMC)
Hans Wall, AG
Clemens Frowein, HLP Hirzel Leder & Partner
Jürgen Allesch, T+I Consult GmbH

1. Auflage Mai 2007
Alle Rechte vorbehalten
© HLP Management Connex GmbH, Frankfurt a. M.
Redaktion: Fabian Berg, Kim Düllmann,
Renate Gatzweiler, Rainer Lange
Herausgeber: Matthias Hirzel
Umschlaggestaltung: Schwalbert Werbegestaltung
Fotos: Fabian Berg
Druck und Satz: Memminger MedienCentrum
Printed in Germany

ISBN: 978-3-00-021641-1

Inhalt

Vorwort – *Klaus-Peter Schulze*	7
Plädoyer für interaktives Innovationsmanagement – *Matthias Hirzel*	9
Chancen für ein Netzwerk Innovationsmanagement – *Ulrich Junghanns*	17
Erfolgsfaktoren einer modernen Innovationspolitik – *Hans-Peter Hiepe*	21
Das Neue muss erarbeitet werden – *Eberhard Knödler-Bunte*	29
Gute Ideen maßgeschneidert – die Wall AG – *Renate Gatzweiler*	39
Winds of Change – die Conergy AG – *Fabian Berg*	47
Mit Menschen wachsen – die Uwe Braun GmbH – *Kim Düllmann und Fabian Berg*	53
Innovation ist Strategie, Prozessmanagement und Mind Set – *Clemens Frowein und Rainer Lange*	57

Netzwerkmanagement – Innovation
in den neuen Bundesländern
– *Jürgen Allesch*   65

„Innovation live" – Partnerschaft für
Management und Wissen
– *Matthias Hirzel und Klaus-Peter Schulze*   73

Lesestoff   77

Vorwort

Von Erfolgsrezepten lernen, Kooperationen anbahnen: Zum Forum „Best Practice im Innovationsmanagement" Mitte Februar 2007 kamen über 100 Unternehmer, Wissenschaftler und Politiker in Potsdam zusammen. Initiiert wurde das Forum von der HLP Management Connex GmbH zusammen mit der Zukunfts-Agentur Brandenburg (ZAB) und der University of Management and Communication (UMC) in Potsdam. Die Buchreihe „HLP Management-Diskurs" dokumentiert diese Veranstaltung – und liefert einen aktuellen Einblick in das Thema Innovationsmanagement.

In den Fokus nahmen die Veranstalter die neuen Länder, wo „Wirtschaftsförderung im Kern Innovationsförderung ist", wie vielfach betont wurde. Dabei vollzieht sich hier beim Innovationsmanagement vieles, was sich auch auf andere Regionen übertragen lässt. Die Praxis zeigt: Im „Land der Ideen" herrscht an gut gemeinten Ansätzen weit weniger Mangel als an der professionellen Art und Weise ihrer Umsetzung – am Management also. Wie sonst ist es zu erklären, dass in Deutschland von den über 30.000 neuen Produkten und Dienstleistungen, die jährlich auf den Markt gebracht werden, über 70 Prozent ihre Ziele und Erwartungen verfehlen?

Auf der anderen Seite gibt es Unternehmen, die mit ihren Innovationen überdurchschnittlich gut abschneiden. Einige Beiträge dokumentieren daher die erfolgreiche Praxis in ausgewählten Unternehmen und zeigen Wege für ein gelungenes Innovationsmanagement auf. Das bedeutet zugleich, die nicht immer erfreuliche Gegenwart zu beschreiben, die in Unternehmen vorherrscht

– auch bedingt durch defizitäre Vernetzung von Forschung und verfehlte Förderpolitik. „Innovationsfreudigkeit heißt noch nicht Innovationsfähigkeit", schreibt HLP-Gesellschafter Matthias Hirzel dazu in seiner kritischen Bestandsaufnahme.

Das Potsdamer Forum war ein Impuls dafür, wie sich engagierte Personen aus Wirtschaft, Wissenschaft und Politik dem Thema Innovationsmanagement annehmen können: Praxisnah, als bewusster Wissens- und Erfahrungsaustausch und getragen von dem gemeinsamen Anliegen, Innovationspotenziale zielführender zu managen. Dieses Anliegen greift künftig auch die Initiative „Innovation live – Partnerschaft für Management und Wissen" auf, die im letzten Kapitel vorgestellt wird.

Klaus-Peter Schulze,
ZukunftsAgentur Brandenburg

Plädoyer für interaktives Innovationsmanagement

Matthias Hirzel, HLP
Management Connex GmbH

Die Innovationsdynamik, einst Zugpferd der deutschen Industrie, erscheint verloren gegangen. Je nach gesellschaftlichem Standpunkt suchen Politik, Wirtschaft oder Wissenschaft die Schuld im anderen Lager. Innovative Ansätze zur Stärkung der Innovationskraft sind gefragt. Wie ist die Situation?

Öffentliche Hand – von der Einzelaktion zum koordinierten Handeln

Die politische Szene tat sich nicht leicht. Sie ging mit der kognitiven Dissonanz virtuos um: Verbale Klimmzüge in Richtung Aufholjagd, Industriestandort, Umwelttechnik proklamiert, wurden durch die praktische Politik konterkariert. Das Ergebnis stellt sich nun wie folgt dar:
- Steuersubventionen des Staates richten sich nicht unerheblich auf Immobilieninvestitionen, die Landwirtschaft oder nach wie vor auf die Erhaltung kränkelnder Branchen.
- Die flüssigen Milliarden der privaten Investoren (Ärzte, Juristen, Berater usw.) auf der Flucht vor Steuern wandern nur bedingt dorthin, wo sie zur volkswirtschaftlichen Produktivität beitragen. Mit bürokratischen Gesetzesverordnungen werden Wachstumsmärkte wie Biotechnologie, Gentechnik und andere reglementiert und damit klein gehalten.

- Förderprogramme stützen aus falsch verstandenen Wettbewerbsprinzipien eher Einzelunternehmen und weniger gemeinschaftliche Technologien und Produktplattformen wie z. B. Nanotechnologie, Optoelektronik, Informationsverarbeitung als Ausgangspunkt für den folgenden individuellen Wettbewerb. Die lobenswerte Starthilfe technologieorientierter Unternehmensgründer erscheint vergleichsweise gering.
- Wenig Bedeutung wird der Verbesserung von Managementkompetenz beigemessen; sie wird fälschlicherweise vorausgesetzt.

Managementkompetenz wird vorausgesetzt – fälschlicherweise

- Das komplizierte Steuersystem will es allen recht machen und lässt den Willen zur Innovation kaum erkennen. Kleine Firmen werden in den Formalismus komplizierter Rechtsformen (GmbH & Co. KG usw.) getrieben.
- Das diplomatische Korps im Ausland scheint vergleichsweise wenig wirtschaftliches Verständnis zu haben und sich auf die Welt der Etikette zu beschränken.
- Die öffentliche Kapitalbeschaffung für kleine Unternehmen gestaltet sich schwierig; Beteiligungskapital fließt in Merger & Acquisitions und weniger in den Aufbau von Geschäften.

Wenn derzeit eine verhaltene Aufbruchstimmung der Wirtschaft registriert wird, so scheint dies trotz und nicht wegen der Politik der Fall zu sein. Dies alles ist inzwischen den Beteiligten mehr als bewusst. „Problem erkannt, Problem gebannt!" reicht allerdings nicht.

Hoffnungsvoll macht jedoch, dass inzwischen miteinander geredet wird und dass die öffentlichen Maßnahmen verstärkt koordiniert und fokussiert werden.

Wirtschaft – vom Zaudern zur Zuversicht

Die Globalisierung der Märkte, die wachsende „Bewegungsfreiheit" nicht nur für Informationen und Kapital, sondern auch für Produkte, Dienstleistungen und Arbeit, verlangt der deutschen Wirtschaft eine ungewohnte Beweglichkeit ab.

Die Präsenz in den dynamischen Märkten wie Biotechnologie, Telekommunikation, Informationstechnik,  Medizin usw. erscheint geschwächt; innovative Stärken zeichnen sich in nur wenigen Feldern wie Umwelttechnik und Fahrzeugbau ab. Exportweltmeister zu sein, heißt nicht notwendigerweise Innovationsweltmeister.

Unternehmen, die aus dem Stand heraus zur Spitzenklasse vordringen, sind selten. Geld wird hauptsächlich mit reifen oder gar auslaufenden Produkten erwirtschaftet. Die Industrie reduzierte über Jahre die Ausgaben für Forschung und Entwicklung; kurzfristiges Shareholder Value-Denken kann wohl nicht mit dem Aspekt der Nachhaltigkeit in Einklang gebracht werden. Kapitalanleger sind primär auf Stabilität und Sicherheit bedacht, bei Investitionen erscheint Solidität angezeigt: Das Geld fließt in Boden, Bau und Bewährtes, also nicht gerade in innovationsträchtige Dimensionen.

Aufsichtsräte nehmen nur unzureichend ihre Rolle wahr. Gegenseitige Rücksichtnahme beherrscht die Szene. Es gereicht weder den Kapitalgebern noch den Kapitalnehmern zum Vorteil.

Der Dienstleistungssektor ist in seiner Bedeutung vielleicht erkannt, aber noch bei weitem nicht als Herausforderung angenommen.

Wissenschaft – vom Individualismus zur Synergie

Forschung und Wissenschaft mischen international mit, können aber ihre herausragenden Einzelergebnisse nur bedingt in anerkannte Leistungen umsetzen. Viele Spitzenforscher sind noch nicht Spitzenforschung. Einige Schlaglichter mögen die Situation beschreiben:

- Die Forschung läuft in festen Bahnen mit einer etablierten Administration. Das Ergebnis ist eher eine Wissenssammlung in bestehenden Strukturen, als eine Pionierleistung in ausgewählten Schwerpunkten.
- Die bestehende organisationsübergreifende Kooperation der Forschungseinrichtungen vermag die Verbundvorteile zwischen Forschung und Wirtschaft kaum auszuschöpfen.

- Hin und her gerissen zwischen Lehre und Wissenschaft, wird das Dringende vor dem Wichtigen getan (Masse befriedigen statt Klasse schaffen).
- Die Wissenschaft wird eher verwaltet denn geführt; feste Strukturen sowie Denk- und Verhaltensweisen geben einem professionellen Management wenig Chancen.
- Den Forschungseinrichtungen gelingt es nur bedingt, ihren Vorteil der Größe zu nutzen oder mehr noch, überzeugend darzustellen.

In der Wissenschaft Erfolg zu haben heißt, einen langen Weg durch die Instanzen zu nehmen. Know-how-Transfer hat da kaum Raum, praktische Innovation bringt keinen wissenschaftlichen Lorbeer.

Innovationsmanagement – vom reaktiven zum proaktiven Handeln

Im Umfeld der als bedächtig erlebten Politik fällt den Managern eine besondere Rolle zu. Sie sind Teil des Ganzen und zugleich Antrieb des Wandels. Da hilft kein Lamentieren, denn es ist ja wohl gerade ihre Aufgabe, mit dem „Unbill" zurechtzukommen und sich als Schrittmacher für die Zukunftssicherung zu verstehen. Wem sonst fällt diese Aufgabe zu? Dazu bedarf es eines inneren Antriebs. Management an sich hat einen Wert und eine Professionalität, ob in der öffentlichen Hand, der Industrie, der Dienstleistung oder der Wissenschaft und Lehre.

Wenn sich die Führungsspitzen Innovationsstärke als besonderen Maßstab setzen, dann können Sachzwänge im Umfeld vielleicht hinderlich sein, aber nicht als Entschuldigung dienen. Ob nun Produkterneuerung, technologische Innovation, neue Serviceleistungen oder organisatorische Neuausrichtungen anstehen, die Leitgedanken zur Steigerung der Innovationskompetenz sind ähnlich.

Innovationsfreudigkeit heißt noch nicht Innovationsfähigkeit. Die Faszination für eine Idee ist die Eintrittskarte. Im wirtschaftlichen Spiel jedoch bedarf es der „Faszination" für die Umsetzung.

Die häufig angestrebte Freiheit der Wahlmöglichkeit kann zur Kurzatmigkeit führen. Es ist erforderlich, sich einer Idee zu verpflichten und ihr bester Diener zu werden. Damit stehen allerdings Erfolgschance und Risiko dicht beieinander.

Der absolute Angriff auf die eigene Leistung ist der Motor der Innovation; er kommt dort ins Stottern, wo man meint, gut zu sein. Die Freiheit fängt da an, wo ohne äußeren Druck das neue Produkt, die neue Organisation oder die neue Technologie anvisiert wird.

Das Denken in Machtkategorien erschwert Innovation

Das Denken in Machtkategorien erschwert Innovation. Gefragt ist die Gewinner-Gewinner-Betrachtungsweise. Sie ist zum Beispiel wesentliche Voraussetzung für erfolgreiche strategische Allianzen hinsichtlich Märkten, Produkten oder Technologien.

Feind jeder Innovation ist die Ausrichtung auf schnelles „Return an Investment". Gefragt ist die Orientierung an der Strategie, das heißt an den kritischen Erfolgsfaktoren, die einen dauerhaften Wettbewerbsvorteil gewährleisten. Nicht jede Idee hat die gleiche Chance. Egoistische Personalisierung von Ideen verhindert die Akzeptanz im Umfeld, bei Kollegen und Vorgesetzten („not invented here"). Gefragt ist die Aufgeschlossenheit für Neues, die Jagd nach Informationen und das Selbstverständnis, sich in Frage zu stellen.

Der Weg von der Idee bis zum Projektstart dauert häufig länger als der vom Projektstart bis zur Realisierung. Das Monitoring von Ideen sollte beim Innovationsmanagement vor der kritischen Überprüfung einer Neuerung stehen.

Innovationsmanagement heißt, über bestehende Zuständigkeiten im Unternehmen hinweg zielgerichtete Zusammenarbeit aufzubauen. Das gilt für die Produktinnovation (Marketing, Entwicklung, Produktion, Vertrieb) ebenso wie zum Beispiel für die neue Plattform zur Informationsverarbeitung (DV-Abteilung, Betriebsorganisation, Fachbereiche, Standorte).

Innovationen machen nicht an den Organisationsgrenzen Halt. Deshalb ist Zusammenarbeit auf allen Ebenen und besonders im Topmanagement erforderlich. Hier jedoch wird häufig nicht das praktiziert, was die Führungsspitze den Mitarbeitern empfiehlt. Individualismus und Selbstdarstellung im Topmanagement ziehen Interessenvertretung und mangelnde Kooperation im Mittelmanagement nach sich.

Wachsende Komplexität macht das Durchdringen dessen, „was die Welt im Inneren zusammenhält" schwer. Wenn allerdings dadurch die Neugier an der neuen Technologie, dem neuen Produkt, der Dienstleistung oder neuen Organisation schwindet, bleibt das Innovationsmanagement erfolglos.

Aufbruch – Professionalisierung des Innovationsmanagement

Gefragt ist eine Bewegung, die sich des Themas annimmt, eine Trias, getragen von engagierten Personen aus Wirtschaft, Wissenschaft und Politik. Praxisnähe und Beweglichkeit sollte ihr entscheidendes Kulturmerkmal sein. Im Mittelpunkt steht der Wissens- und Erfahrungsaustausch, die weltoffene Einstellung zu Innovation und die Einsicht, dass sehr wohl viele Innovationspotentiale vorhanden sind. Es geht um das bewusstere Aufgreifen und zielführende Managen von Innovation, um den wirtschaftlichen Erfolg zu gewährleisten. Dazu bedarf es der Impulse in Form von unternehmensübergreifenden Foren, Erkundungsklausuren und Netzwerken, die animieren, Wege aufzeigen, Handlungshilfen geben, Kooperationen ermöglichen und den Transfer in die Praxis stützen. Die Initiative „Innovation live – Partnerschaft für Management und Wissen" greift dieses Anliegen auf.

Matthias Hirzel ist Geschäftsführer der HLP Management Connex GmbH.

Chancen für ein Netzwerk Innovationsmanagement

Ulrich Junghanns, Minister für Wirtschaft des Landes Brandenburg

Innovationen sind der Motor für wirtschaftliche Entwicklung, internationale Konkurrenzfähigkeit und Schaffung bzw. Erhalt von Arbeitsplätzen. Das gilt weltweit – und damit auch für unsere Hauptstadtregion Berlin-Brandenburg. Unter dem Begriff Innovationen sind dabei keinesfalls nur technische Weiterentwicklungen zu verstehen, sondern auch neue Dienstleistungsangebote und Verfahren. Nicht nur neue technische Produkte wie zum Beispiel das Antiblockiersystem oder der Airbag waren Innovationen, sondern auch Dinge wie der selbstklebende Haftnotizzettel oder das mit Muskelkraft betriebene Velotaxi zur Personenbeförderung. Ihnen allen ist gemeinsam, dass neue wirtschaftliche Konzepte zu neuen Lösungen geführt haben.

Ohne Innovationsmanagement ist erfolgreiche Innovation undenkbar

Erfolgreiche Innovationen brauchen ein innovationsorientiertes Unternehmensleitbild, Innovationsprozesse und ein persönliches Innovationsklima. Sie brauchen insbesondere die unternehmerische Führungskraft, die diese Komponenten bündelt und marktorientiert ausrichtet. Sie benötigen also ein erfolgreiches Innovationsmanagement.

Ohne zielgerichtetes Innovationsmanagement ist keine erfolgreiche Innovation denkbar. Daher begrüße ich es sehr, dass die Initiatoren dieser Veranstaltungsreihe in Gesprächen mit dem Bundesforschungsministerium das Thema „Innovationsmanagement als strategischer Erfolgsfaktor" aufgegriffen haben. Das Thema hat sicher nicht nur für die Hauptstadtregion Berlin-Brandenburg Bedeutung, sondern weit darüber hinaus.

Ich danke den Initiatoren dieser Veranstaltung. Vor allem freue ich mich, dass mit Herrn Wall, Herrn Krane und Herrn Braun „bekennende Innovatoren" den Auftakt der Veranstaltungsreihe mitgestalten. Sie stehen dafür, dass der Ansatz „Von den Besten lernen" schon heute seine Ausfüllung erfährt.

Netzwerke haben die größten Chancen auf nachhaltige Wirkung

Mit der Partnerschaft für unternehmerische Spitzenleistungen soll ein Netzwerk rund um das Thema Innovationsmanagement entstehen, das von der unternehmerischen Initiative getragen wird. Netzwerke, die von „unten" wachsen, haben die größten Chancen auf nachhaltige Wirkung. Denn sie sind bedarfsorientiert ausgerichtet, setzen an gemeinsamen Erfahrungen an und schaffen Synergien.

Als Wirtschaftsminister mit unternehmerischer Vergangenheit weiß ich: Nichts ist für einen Unternehmer überzeugender als ein erprobtes Erfolgsrezept eines anderen Unternehmens. Dabei geht es nicht darum, Methoden einfach zu kopieren. Es geht vielmehr darum, sich von neuen Denkansätzen, neuen Konzepten, neuen Herangehensweisen inspirieren zu lassen. Ein branchenfremder Ansatz ist dabei eher hilfreich als schädlich.

Das bedeutet aber auch: Wir müssen offen sein für andere Ideen und für neue Partner aus Wissenschaft und Wirtschaft. Die Impulse dabei müssen jedoch primär von der Wirtschaft ausgehen und als „Nachfrage" an die Wissenschaft herangetragen werden. Daher möchte ich alle, die zur Entwicklung des Themas Innovationsmanagement beitragen können, ermutigen mitzumachen, um dieses Netzwerk mitzugestalten. Ich werde die Entwicklung dieser Initiative mit Aufmerksamkeit verfolgen und wünsche ihr einen guten Start.

Erfolgsfaktoren einer modernen Innovationspolitik

Hans-Peter Hiepe, Bundesministerium für Bildung und Forschung (BMBF)

Strategie und Management sind die Erfolgsfaktoren einer modernen Innovationspolitik. In Abgrenzung zu einem moralisierenden, mehr noch, zu einem paternalistischen Förderdenken versteht sich das Bundesforschungsministerium (BMBF) im Rahmen der Initiative „Unternehmen Region" als Investor. Wir wollen in die Kooperationen aus Unternehmen und Forschungseinrichtungen, an die wir uns in aller Regel richten, investieren. Wir wollen dies tun mit einem Selbstverständnis von Investoren, die sich für ein gutes Geschäft engagieren, das, hier natürlich in einem übertragenen Sinne, eine gute Rendite erwarten lässt.

Im Laufe der letzten Jahre haben wir bei der Arbeit in unserer Innovationsinitiative, die sich ausschließlich auf die Neuen Länder richtet, erfahren, welche zentralen Rollen Management und Strategie beim Erfolg der Unternehmen spielen. Gerade auch deshalb, weil dort nicht selten noch immer erhebliche Managementdefizite bestehen.

Es ist eigentlich selbstverständlich, wie wichtig ein anregendes Innovationsumfeld ist, und dass es dabei auf Kreativität und neue Ideen, auf Forschung und Entwicklung (FuE) ankommt. Eine Erfahrung jedoch, die man gerade in solchen technologiegetriebenen Konsortien von mehreren untereinander vernetzten Unternehmen und Forschungseinrichtungen machen kann, besteht darin, dass es mit der Kreativität irgendwann auch mal ein Ende hat: Spätestens an dem Punkt, an dem es darum geht, unternehmerische Entscheidungen zu treffen, und aus den Ideen und FuE-Ergebnissen die Umsetzung für einen Erfolg am Markt zu schaffen. Dafür braucht es eine Strategie. Die Innovatoren, insbesondere die Wissenschaftler, die sich in der Produktentwicklung besonders engagiert haben, den Schaffensprozess vorangetrieben haben und deren Know How, Kreativität und Eifer hinter dem entwickelten Produkt stehen, fühlen sich manchmal im Prozess der Umsetzung am Markt zurückgesetzt. Das erleben wir oft, beispielsweise in einem Lernprozess: Die Mitglieder dieser Konsortien stellen im Verlauf häufig fest, dass es erfolgversprechender ist, Unternehmer und unternehmerische Strategien in den Vordergrund zu stellen, und Innovationsprozesse nicht als die Koordinierung von Forschungs- und Verbundvorhaben zu verstehen.

Management und Strategie sind zentrale Erfolgsfaktoren

Insofern ist es ja fast ein schwierig handhabbarer Gegensatz, auf der einen Seite Kreativität als Erfolgs- und Innovationsvoraussetzung möglich zu machen, und auf der anderen Seite die Ergebnisse im Anschluss unternehmerisch umzusetzen. Und das heißt, darauf zu fokussieren, Entscheidungen zu treffen, die sich nicht nach dem wissenschaftlich Wünschbaren, sondern nach den Erfordernissen des Marktes richten.

Die Strategie ist Voraussetzung und Ziel der Förderung

Deswegen hat die Strategie, die mit dieser Schwierigkeit umgeht, in der Förderung von Innovation für uns eine ganz zentrale Rolle. Die daraus resultierenden Anforderungen, die wir in unseren Programmen an diejenigen richten, die vom BMBF gefördert werden, werden oft zunächst als unangenehme „Exerzitien" erlebt, denen man sich unterwerfen muss – oder als Bürokratismus. Wenn sie sich jedoch damit näher befassen, stellen die Unternehmen, die einen solchen Prozess durchgemacht haben, hinterher fest, dass sie *andere* geworden sind. Sie kennen ihre Märkte, ihre Wettbewerbschancen und ihre Konkurrenten sehr viel besser als zuvor.

Insbesondere haben sie in diesem Prozess gelernt, vom Kunden her zu denken, das Kundenproblem zu verstehen, und nicht aus der Technologie allein zu denken. Das ist ein Problem, welches in Ostdeutschland sehr weit verbreitet ist, weil hier viele Unternehmen durch Techniker, durch Ingenieure und Wissenschaftler geführt werden. Diese neigen dazu, ihre Innovationen aus ihrem technischen Know How heraus zu verstehen, und zu versuchen, sie dementsprechend am Markt zu platzieren.

Lernen, vom Kunden her zu denken

Das sind Bedingungen, mit denen man sicherlich auch in Zukunft, bezogen auf die ostdeutsche Innovations- und Unternehmenspolitik, wird umgehen müssen.

Der Vorteil dabei ist, man hat es mit einem Unternehmertypus zu tun, der sein Produkt bis in jedes technische Detail kennt und versteht. Der Nachteil ist, dass diese Unternehmer keine Kaufleute sind. Ein wichtiger Grund dafür, dass die Bilanz aus den vielen Innovationsaktivitäten ostdeutscher Unternehmen hinsichtlich des Markterfolgs insgesamt so schlecht ausfällt.

Für die nähere Zukunft der Unternehmen, die oft klein und in einem fragilen Zustand sind, ergibt sich daraus eine Doppelbelastung: Viele von ihnen werden in kurzer Zeit nicht nur einen Generationenwechsel zu bewältigen haben, sondern darüber hinaus auch den damit verbundenen Wechsel der Managementstile. Dabei muss zusätzlich beachtet werden, dass das besondere Knowhow nicht verloren geht, das in den Köpfen vieler innovativer Unternehmer in Ostdeutschland besteht.

Diese Umstände haben dazu geführt, dass wir die unternehmerische Strategie als Voraussetzung und zugleich als Ziel der Förderung verstehen. Wer bei uns in die Förderung kommt, der ist nicht nur in einen „FuE-Prozess" eingebunden, sondern gleichzeitig in einen unternehmerischen Strategieprozess, der auch entsprechend „monitored" wird.

Ich möchte Ihnen verdeutlichen, wie sich dieses Konzept letztlich in der Politik realisiert. Im Rahmen einer Innovationswoche im November 2006 hat sich die Bundesforschungsministerin mit den Wissenschafts- und Wirtschaftsministern der Neuen Länder getroffen und ein Memorandum für Innovation und Wachstum vereinbart. Sieben Schwerpunkte sollen künftig in besonderer Weise handlungsleitend in der Innovationspolitik Ostdeutschlands sein. Das Innovationsmanagement wurde dabei als ein wesentlicher Punkt mit aufgenommen. Er erschöpft sich nicht darin, wie einzelne Unternehmer ihr Unternehmen managen, sondern macht die weiter reichende Bedeutung des unternehmerischen Managens von Innovationsprozessen deutlich.

Die Managementqualifikation, die im Unternehmen schon eine Herausforderung und ein Problem darstellt, erweist sich insbesondere in strategischen Kooperationen von Wirtschaft und Wissenschaft als noch schwieriger. Denn auch die Unternehmer, die es gewohnt sind, ihr Unternehmen entsprechend zu führen, stehen hier noch einmal vor neuen Voraussetzungen. Dabei stellen nicht nur die kulturellen Unterschiede zwischen der Welt der Wissenschaft und der Welt der Wirtschaft Barrieren auf. Der Anspruch steigt vor allem im technologie- und forschungsbasierten Zusammenwirken mit anderen Unternehmen, weil die Frage aufkommt: Was ist eigentlich die gemeinsame, gewissermaßen technologische Plattform? Denn hierin liegt oft die besondere Kompetenz, die Alleinstellung, die die Basis bildet, auf der die Unternehmen fußen.

Der Markt muss in einer solchen strategischen Kooperation hinsichtlich dieser gemeinsamen spezifischen Technologie, und nicht hinsichtlich der unternehmerischen Einzelkompetenzen und -produkte bewertet werden. Das stellt eine neue Herausforderung dar, die manchmal als moralisch missverstanden wird, als „Denken in der Gemeinschaft". Es ist aber ausdrücklich eine unternehmerische Herausforderung, wie sie in größeren Unternehmen in jedem Fall geleistet werden muss und vor der auch solche Konsortien stehen. Mit neuen Instrumenten der Innovationsförderung wollen wir solche Managementprozesse unterstützen.

Das Management unterstützen und beraten

Natürlich ist das Thema Unterstützung des Managements und Managementberatung in der Förderpolitik ein altes Thema, das auch in Ostdeutschland frühzeitig auf die Fahne geschrieben wurde. Üblicherweise wird die Inanspruchnahme externer Berater und Coaches finanziert. Auf einem anderen Weg fördert man beispielsweise im Rahmen der Strukturfonds (ESF) den Einsatz von Innovationsassistenten in Unternehmen. Dies sind in der Regel junge Hochschulabsolventen, die hierdurch eine Beschäftigungschance in der regionalen Wirtschaft erhalten.
Wir sind der Meinung, dass diese Beratungs- und Unterstützungsmodelle nicht ausreichen. Mit einem neuen Förderprogramm wollen wir neue Wege gehen. Die Entwicklung ist jedoch noch nicht abgeschlossen.
Mit diesem Programm wollen wir die genannten Managementfragen verbinden mit einer nachhaltigen Etablierung neuer Managementstile in den Unternehmen und mit der Gewinnung eines hochqualifizierten und engagierten Managementnachwuchses. Eines Nachwuchses, der in der Lage ist, sich an der Führung des Unternehmens zu beteiligen, um beispielsweise künftig

die Nachfolge antreten zu können. Zugleich sollen die Beteiligten eine anforderungsgerechte individualisierte Qualifizierung bzw. ein Coaching erhalten. Namhafte Vertreter der Management- und Innovationswissenschaften mehrerer deutscher Hochschulen erarbeiten derzeit die hierfür erforderlichen Grundlagen.
Ich bin der Meinung, dass man die Aufgabe ohne ein umfassendes und auch aufwändiges Konzept nicht machen kann. Die schnellen und einfachen Lösungen der Vergangenheit sind zwar in Einzelfällen erfolgreich gewesen – aber wir brauchen einen anderen Weg, der dazu führt, dass für die Zukunft in Ostdeutschland systematisch nicht nur eine entsprechende Managementkultur aufgebaut wird, sondern ein Weg, der auch attraktiv ist für entsprechend ausgebildete Leute.

Hans-Peter Hiepe ist im Bundesministerium für Bildung und Forschung (BMBF) als Referatsleiter für Regionale Innovationsinitiativen Neue Länder zuständig.

Das Neue muss erarbeitet werden

Professor Eberhard Knödler-Bunte, University of Management and Communication (UMC), Potsdam

Das Prinzip galt schon immer, auch wenn wir es heute wieder allerorten spüren: Innovation ist eine Daueraufgabe von Unternehmen wie Organisationen – und die zentrale Voraussetzung für die Erneuerung und evolutionäre Anpassung an sich schnell verändernde Umwelten in Wirtschaft und Gesellschaft. Innovationen realisieren sich als zyklische und unabgeschlossene Prozesse von Veränderungszielen, über deren Umsetzung bis zu Ergebnis und Neubeginn. Sie brauchen qualifizierte Akteure, die durch ihr Wissen und ihre Kompetenz Innovationsprozesse tragen und umsetzen. Diese Prozesse müssen sich einbetten in kulturelle Zusammenhänge und kommunikative Netze, in denen Wissen und Erfahrungen ausgetauscht werden.

Die Geschichte der industriellen Gesellschaft war vor allem deshalb so erfolgreich, weil in ihr Innovation zur Grundstruktur der sozialen und wirtschaftlichen Dynamik geworden ist. Innovationen sind die notwendigen Triebfedern von Veränderung und Wachstum. Und das heißt viel mehr, als die Erfindung von neuen Produkten. Denn in allen Bereichen von Wirtschaft und Gesellschaft umfasst Innovation Veränderungsprozesse. Damit solch eine Erfindung oder Erneuerung zur

Innovationen sind Triebfedern von Veränderung und Wachstum

Innovation wird, muss sie nicht nur vom Markt akzeptiert, sondern auch in einen gesellschaftlichen Kontext eingebettet werden.

Neue Märkte, neue Bedürfnisse

Technologische Innovationen fördern nur dann den Fortschritt, wenn sie in wirtschaftliche und gesellschaftliche Prozesse eingeführt sind und dort genutzt werden. Damit sie wirksam werden, benötigen sie auch weitsichtige, risikobereite und dynamische Unternehmer, qualifizierte und flexible Mitarbeiter und innovationsfördernde Wissens- und Unternehmensstrukturen. Ferner ist ein gesellschaftlicher Nutzen notwendig, damit die entsprechenden Märkte aufnahmebereit sind. Erschwerend kommt hinzu, dass Innovationen die Kompetenz voraussetzen, anwendungsfähiges Wissen zu identifizieren, in sehr vernetzten Zusammenhängen zu denken und wissensbasierte Prozesse und Projekte zu organisieren.

Der eine geniale Erfinder gibt allerdings schon lange kein zureichendes Bild mehr über die Realität von Innovationen in Wirtschaft und Gesellschaft. Immer weniger werden sie in einem linearen Prozess von der Produktentwicklung bis hin zur Vermarktung verwirklicht. Erneuerungen und Veränderungen realisieren sich heute durch offene Innovation, also durch die Einbindung von internen wie externen Wissens- und Innovationsträgern. Die multidisziplinäre Qualifizierung von Innovatoren sowie die Bildung von innovativen Systemen durch das Zusammenwirken von staatlichem und privatem Sektor, helfen Erneuerungen zu implementieren. Außerdem ist die Verknüpfung von Innovationen mit unterschiedlichen Nutzungs- und Handlungskontexten im Sinne eines Innovations-Netzwerks obligatorisch.

Unterschiedliche Quellen

Es gibt keinen Königsweg zu Innovationen. Das Neue speist sich aus ganz unterschiedlichen Quellen und nutzt verschiedene Formen der Kreativität. Dazu müssen neue Denkmuster und Sichtweisen zugelassen werden, alte und neue Faktoren, auch aus unterschiedlichen Kulturen, müssen kombiniert und übertragen werden. Verfahren müssen auch in einem neuen Zusammenhang bzw. auf einen neuen Gegenstand angewandt werden können.
Aber das Neue fällt nicht vom Himmel, sondern benötigt eine Reihe von Bedingungen, unter denen es wachsen kann. Offene Spiel- und Handlungsräume, die frei sind vom Druck der unmittelbaren Verwertung, sind eine Bedingung, Die „Innovations-Mitarbeiter" müssen ferner durch Qualifizierungsangebote gefördert und gefordert werden, was unbedingten Veränderungs- und

Gestaltungswillen der Betroffenen voraussetzt. Außerdem sollten die Mitarbeiter in angemessener Weise über Kontinuität und Eigensinn verfügen.

Viele Produkte können heute überall zu gleich hohen Kosten bei gleicher Qualität mit dem gleichen Knowhow hergestellt werden. Die Unterschiede liegen in immateriellen Werten, in technischen und räumlichen Infrastrukturen, in kulturellen Kontexten und Bildungsvoraussetzungen, in der Geschwindigkeit und Dichte der Entwicklungen, in organisatorischen Fähigkeiten und Wissen sowie an Netzkoordination. Die Allokation von innovativem, anwendungsbezogenem Wissen wird dabei zur Schlüsselkompetenz.

Der Unternehmer als Innovationsbetreiber

Innovative Unternehmen benötigen ein Topmanagement, das innovative Prozesse auf allen Ebenen der Organisation stärkt, positiv sanktioniert und gratifiziert. Sie benötigen ein Topmanagement, das Mitarbeiter richtiggehend führt und nicht nur verwaltet, und ihre Innovations- und Veränderungsbereitschaft in der Unternehmenskultur verankert. Dazu sollten die kulturellen und politischen Grundlagen des Unternehmens verstanden werden. Ist das Management in verschiedenen Lebenswelten und Milieus vernetzt, können diese auch als Innovationsräume wahrgenommen werden und in den Prozess integriert werden. Und bei internen und externen Widerständen oder Blockaden muss das Führungsteam mutig und risikobereit Veränderungsprozesse konzipieren und in Gang setzen.

Die Quellen, aus denen das Management, das gesamte Team, Innovativität und Wissen ziehen können, sind vielen Unternehmen oft nicht bekannt. Das gesamte Unternehmensumfeld lässt sich als Quelle der Innovation nutzen: Mitarbeiter können als Wissensträger fungieren, ihr kreatives Potenzial ist nutzbar. Experten mit Branchen- und Fachwissen, wissenschaftliche Einrichtungen aus Forschung und Beratung sind ebenso offensichtliche Wissensquellen wie Fach- und Branchenöffentlichkeiten auf nationaler und internationaler Ebene. Und natürlich geben Kunden durch ihre Wünsche, ihr Wissen und ihre Erwartungen weiter; gleiches gilt für Lieferanten. Zu guter Letzt kann es ratsam sein, Nichtregierungs-Organisationen und Nonprofit-Organisationen als Quellen zu nutzen, genau wie Online Communities und Netzwerköffentlichkeiten.

Unternehmerisch denkende Mitarbeiter

Innovation und Kreativität benötigen Gestaltungsräume und eigenverantwortliche Bereiche im Unternehmen. In fast jedem Mitarbeiter steckt ein Stück Unternehmertum, doch häufig gehen Gestaltungsfreiheit und Selbstorganisation verschüttet. Starre und formale Hierarchien, straffe und überkontrollierte Unternehmenskultur und einseitige Informationsflüsse schränken Beschäftigte in ihren Spielräumen für das eigene Handeln ein. Darüber hinaus haben die Mitarbeiter oft Angst vor Verantwortungsübernahme, sehen ihre Erwartungen enttäuscht und verlieren Vertrauen. Will das Unternehmen innovativ sein, muss das Personalmanagement die Persönlichkeitsentwicklung in den Rahmen einer unternehmerischen Karriere integrieren: durch systematische Qualifizierung und Kompetenzentwicklung sowie durch die Förderung von Lernbereitschaft und Kreativität.
Anzustreben ist dabei eine wert- und identitätsorientierte Unternehmenskultur, in einer Balance von Forderung

und Förderung, angefangen von Verantwortungsübernahme der Unternehmensziele bis hin zur Selbstgestaltung der jeweiligen Verantwortungsbereiche. Interne Communities (Teams, Innovationszirkel, Task Forces, Projektgruppen usw.) können für Prozesse und Projekte Verantwortung übernehmen und das dafür benötigte Wissen organisieren. So kann sich eine transparente und dialogische Unternehmenskommunikation entwickeln.

Eine wert- und identitätsorientierte Unternehmenskultur

Die Vision ist in einigen Unternehmen längst Realität geworden ist: Eine Kultur eines innovativen Unternehmens. Sie zeichnet sich durch verschiedene Charakteristika aus. Dazu gehört eine flache Hierarchie mit einer wertorientierten Unternehmensführung an der Spitze, die eine transparente Informations- und Kommunikationspolitik verfolgt. In dieser Struktur kann es neue Führungsrollen geben: Animateur, Motivator, Mediator, Moderator, Coach, Förderer und Entwickler. Dieses Team zeichnet sich durch eine unternehmerische Risikokultur aus, hat die Bereitschaft, Neues zu erproben und neue Wege zu gehen, ohne jedoch Verantwortungskultur wie -bereitschaft aus dem Auge zu verlieren.

Lernende Unternehmen und Netzwerke

Hinter dem viel beschworenen Begriff des lernenden Unternehmens steht immer ein lernbereites Mitarbeiterteam. Die Kollegen müssen mit den Zielen und dem Verhalten des Unternehmens übereinstimmen. Ein hoher Grad an Selbstbestimmung, Selbstständigkeit und Eigenverantwortung sollte jedem Unternehmensmitglied eigen sein. Außerdem sind sach- und lösungsbezogener Austausch, sowie das Arbeiten in überschaubaren Praxisgemeinschaften erforderlich.

Lernende Netzwerke sind charakterisiert durch ein Set von Eigenschaften, die sich gegenseitig stärken:
- Offenheit und Anschlussfähigkeit gegenüber den Unternehmensumwelten wie Mitarbeitern, Kunden Lieferanten und wissenschaftlichen Einrichtungen,
- Lernbereitschaft und Beweglichkeit,
- die Bereitschaft zu nachhaltigen Win-Win-Kooperationen,
- Kreativität und flexible Gestaltungsspielräume, sowie Vermittlungs- und Kommunikationsfähigkeit.

Umsetzungskompetenz für Innovationen ausbilden

Innovation in Unternehmen benötigt heute in allen Bereichen des Managements eine Qualifizierung, die sich einerseits systematisch vollzieht und anderseits offen ist für Entwicklungs- und Veränderungsprozesse. Dazu gehören die Organisation von Lern- und Wissensprozessen sowie die Ausbildung von anwendungsbezogenen und projektbezogenen Kompetenzen in der Umsetzung von Innovationen. Externe Forschungsergebnisse müssen in internes, wissensbasiertes Potenzialmanagement eingebaut werden. Denn

Forschung macht insgesamt nur die Hälfte des Innovationsaufwandes aus. Die andere Hälfte bezieht sich auf die internen Prozesse der Wissensverarbeitung und Wissensanwendung.

Der größte Teil des Innovationsaufwandes (und der Fördermittel) kommt der Produktentwicklung zugute. An zweiter Stelle steht die Entwicklung von neuen Verfahren. Zu kurz kommt meist ein Investment in die Förderung von organisatorischen Innovationen, Dienstleistungsinnovationen und Marktinnovationen. Ganz am Ende der Rangskala stehen Investments in Qualifikationsprogramme, in organisatorische Netzwerke sowie in Wissens- und Expertenforen, in denen Best Practice-Erfahrungen ausgetauscht werden.

Diese Rangfolge muss meines Erachtens im Interesse einer höheren Wettbewerbsfähigkeit und einer besseren Wertschöpfung von Innovationspotentialen umgekehrt werden.

Die kritischen Erfolgsfaktoren innovativer Unternehmen

Neueren Untersuchungen zufolge zeichnen sich innovative Unternehmen im internationalen Vergleich durch eindeutige Merkmale aus:

- Sie verbessern ihre Organisation und ihre Unternehmenskultur fortlaufend, qualifizieren ihre Führungskräfte genau wie ihre Mitarbeiter systematisch für Zukunfts- und Führungsaufgaben.
- Die Schnittstellen zu Marketing- und Unternehmenskommunikation werden professionell organisiert.
- Die Produkt- und Servicequalität wird zum Angelpunkt der Unternehmensführung gemacht.

Darüber hinaus sind innovative Unternehmen immer daran interessiert, von ihrem Umfeld, wie zum Beispiel Kunden und Lieferanten zu lernen. Nebenbei: Diese Charakteristika erhöhen nicht nur die Innovationen des Unternehmens, sondern zugleich auch dessen Produktivität.

In offenen Systemen organisierte Unternehmen, die im fortlaufenden Austauschprozess mit relevanten Stake- und Shareholdern stehen – und sich als Akteure an Wissens- und Innovations-Netzwerken beteiligen – sind erfolgreich. Ihre Unternehmensprozesse sind konsequent an den Kunden und seinen Nutzungsinteressen ausgerichtet (Consumer Insight). Das Unternehmen fordert und fördert eine lern- und kommunikationsfreundliche Unternehmenskultur, in der die Potenziale ihrer Mitarbeiter bewusst und gezielt weiterentwickelt werden. Dabei übernimmt die Organisation Verantwortung für gesellschaftliche Aufgaben und engagiert sich für kulturelle Werte und Ziele über den internen Handlungsrahmen hinaus.

Zentrale Funktion von Kommunikation

Zum Schluss: Innovationen brechen alte Strukturen auf und schaffen Raum für Neues. Für die Umsetzung von innovativen Projekten und die Gestaltung von zukunftsfähigen Prozessen benötigen Unternehmen besondere Kompetenzen.

Innovationen realisieren sich nie im luftleeren Raum von Ideen und Erfindungen, sondern sie brauchen Bodenhaftung, Praxisrelevanz sowie Anschluss- und Vermittlungsfähigkeit. Sie benötigen eine Einbettung in Inno-

Innovationen brauchen Bodenhaftung und Praxisrelevanz

vationsnetzwerke, in denen Wissen und Erfahrungen ausgetauscht werden. Eben das macht die kommunikative Kompetenz zum zentralen Hebel. Innovationskommunikation wird zum Angelpunkt für erfolgreiche Entwicklungs- und Veränderungsprozesse.

Professor Eberhard Knödler-Bunte ist Präsident der University of Management and Communication (UMC) in Potsdam.

Gute Ideen maßgeschneidert – die Wall AG

Gespräch mit Hans Wall, Gründer und Aufsichtsratsvorsitzender der Wall AG in Berlin

Herr Wall, Ihr Unternehmen ist als Stadtmöblierer und Außenwerber in 60 Großstädten international präsent. Worauf gründet dieser Erfolg?
Die Grundlage für Erfolg sind gute Ideen. Wer in Deutschland lebt, kann sich freuen: Denn wir leben in einem Land, in dem Erfolg nicht zwangsläufig vom Geld abhängt. Egal welcher Herkunft – wer eine gute Idee hat, kann diese hier erfolgreich umsetzen.

Was genau waren die guten Ideen der Wall AG?
Vor 35 Jahren habe ich das Unternehmen gegründet, um in der Außenwerbung für Innovationen zu sorgen. Bis dato wurden Städte und Gemeinden mit Reklametafeln vollgestopft. Man brauchte nichts anderes als eine Holzwand und einen Stab, schon war sie aufgebaut. Es mussten höchstens ein paar Verträge gemacht werden und die Vermarktung konnte beginnen.

Ich wollte Fortschritt und den Städten zeigen, dass es auch anders geht. Dass Außenwerbung mit Stadtmöblierung verbunden werden kann und damit einen Dienstleistungscharakter für die Menschen bereithält. Damals wie heute kann ich nur sagen: „Macht Ausschreibungen! Ihr könnt Außenwerbung viel schicker haben und mit viel weniger Standorten realisieren." Wir hatten die Idee, jedem Produkt – ob Wartehäuschen, Kiosk oder City Toilette – ein an die Stadt angepasstes individuelles Design zu geben. Die Werbung sollte nicht plump daher kommen, sondern in funktionale Produkte integriert werden.

Individuelle Lösungen für jeden Kunden. Waren Sie die Einzigen mit dieser Idee?
Damals schon. 1989 konnte ich diese Philosophie erstmals anwenden. Die Ausschreibung war in Baden-Baden. Die Stadt ist kein Millionen-Werbemarkt, hat aber mit ihren historischen Fassaden ein wirklich interessantes Stadtbild. Alle namhaften deutschen Unternehmen der Außenwerbung haben sich beteiligt.
Die Aufgabenstellung in Baden-Baden hat gezeigt, dass die Stadtverwaltung verstanden hat, dass Außenwerbung ein Teil der Stadtgestaltung ist. Jede der Firmen sollte eine Musterwartehalle im Stadtgebiet aufbauen, damit der Gemeinderat und der Oberbürgermeister sich ein Bild von den Produkten machen konnten. Natürlich hat jedes Unternehmen seine schönste Wartehalle aufgebaut und dann kam das, womit niemand gerechnet hat. Der Oberbürgermeister sagte: „Keine der Wartehallen passt nach Baden-Baden, lasst euch was anderes einfallen!"

Wie ist es Ihnen gelungen, daraus eine Erfolgsgeschichte zu machen?
Während all' meine Konkurrenten beleidigt von dannen zogen, weil sie nur ein oder zwei verschiedene Designs hatten, haben wir uns gesagt: „Jetzt haben wir die Situation, in der wir endlich zeigen können, dass wir individuelles Design realisieren können!" *Ein Maßschneider nimmt Maß* Dazu musste man natürlich erst einmal klären, wie man das bewerkstelligen kann. Ein Maßschneider nimmt Maß, schaut die Person an und gestaltet dann ein individuelles Design für einen Maßanzug.

Sie mussten eine Methode des Maßnehmens entwickeln. Woher hatten Sie die Spezialisten hierfür?
Wir haben Architekturstudenten aus Berlin, gemeinsam mit ihrem Professor, für eine Woche nach Baden-Baden eingeladen. Aufgabe der Studenten war es, eine „Stadtbildanalyse" zu erstellen, so wie der Schneider Maß nimmt. Das ist die Methode, die wir bis heute bei allen Städten anwenden.
Die Studenten haben Fotos von der Innenstadt, Straßen, Brücken, Fassaden, Häusern und Randzonen gemacht, um die gestalterische Situation der Stadt aufzunehmen. Diese Aufnahmen wurden verwendet, um eine ganz eigene, individuelle „Stadtmöbel-Familie" zu entwerfen. Am Ende hat man sofort gesehen: Das ist Baden-Baden!

Mit dem guten Entwurf war der Auftrag aber noch nicht in der Tasche…
Stolz auf das Ergebnis bin ich zum Oberbürgermeister gegangen und habe ihm den Entwurf präsentiert. „Ein wirklich individuelles Stadtmöbeldesign für Baden-

Baden! Und wir werden daraus eine ganze Produktlinie entwerfen!"

Die Stadtverwaltung war begeistert und hat sich natürlich auch gefragt, wie der Entwurf im Original aussieht. Und ich habe gesagt: „Herr Oberbürgermeister, wir sind – und das ist auch heute noch so – das einzige deutsche Außenwerbeunternehmen, dass eine eigene Produktion hat. So wie der Maßschneider seine eigene Nähstube hat, muss natürlich auch jemand der individuelle Stadtmöblierung herstellen will, ein eigenes Produktionswerk haben."

Sie liefern Ihren Kunden nicht Produktmuster, sondern komplette Lösungen?

Ja, das ist unser großer Wettbewerbsvorteil. Wir produzieren nicht nur Entwürfe, sondern setzen diese schnell, professionell und qualitativ hochwertig um. Für Baden-Baden hieß das, dass wir die Wartehalle innerhalb kürzester Zeit gebaut und aufgestellt hatten. Binnen vier Wochen war ein zwanzigjähriger Exklusivvertrag für die Vermarktung der städtischen Plakatwerbung in

Baden-Baden unter Dach und Fach. Das war unsere Basis für alle anderen deutschen Städte, die wir für die Wall AG begeistern konnten. Inzwischen sind es international ungefähr 50 Großstädte, darunter auch unsere Hauptstadt Berlin.

Wir können schnell und professionell umsetzen

Dabei ist es nicht geblieben, sie haben sich dem internationalen Markt gestellt und Gebiete des Plakatwerbemarktes im Ausland gewonnen.
Die ganz große Herausforderung kam in Boston auf uns zu. Zum ersten Mal schrieb eine amerikanische Stadt die Vermarktung der Plakatwerbung auf öffentlichem Grund und Boden in Verbindung mit Stadtmöblierung aus.
Nicht nur unsere französische Konkurrenz, sondern auch amerikanischen Milliardenkonzerne waren daran interessiert, den Wettbewerb zu gewinnen. Wir waren der kleinste Anbieter, hatten aber mit Ehrgeiz und Wissen, vor allen Dingen in punkto individuellem Design, den Anderen einiges voraus.
Für Boston entwarfen wir ein eigenes Design, die Produktlinie „Boston-Streetline". Dann haben wir, was man als Unternehmer eigentlich nicht darf, das Produkt entwickelt, obwohl wir den Auftrag noch gar nicht hatten! Ein absolutes Investitionsrisiko.

Womit haben Sie die Stadtväter in Boston überzeugt?
Ich habe mir gedacht, dass die schönen Modelle und Hochglanzbilder zwar gut aussehen, aber nicht ausreichend überzeugen können. Sie kaufen sich ja auch kein Auto aus dem Katalog.
Wir sind ein sehr hohes Risiko eingegangen und ich habe meinen Mitarbeitern im Produktionswerk gesagt,

dass während der nächsten drei Monate alle Produkte fertig sein müssen. Plakatsäule, Wartehalle, Zeitungskiosk, City-Toilette, Papierkorb – alles!
Wir verschifften 20 Produkte „Made in Berlin" in die USA. Wir hatten das Glück, dass die amerikanischen Metallarbeiter sofort auf unserer Seite waren, nachdem sie von unserem eigenen Produktionswerk hörten und uns ein Ausstellungsgelände kostenlos zur Verfügung stellten.
Die 20 Wall-Produkte aus Berlin standen drei Monate lang. Es gab einen Aufstand unter den anderen Teilnehmern, wie man so was genehmigen könne. Doch wir haben den Zuschlag gekriegt. Eine kleine Sensation, wenn man bedenkt, dass wir als mittelständisches Unternehmen in den größten Werbemarkt der Welt vorgedrungen sind.
Wenn Sie heute nach Boston fliegen, eine der schönsten amerikanischen Großstädte, stehen da hunderte von unseren Produkten, auch Downtown: City-Toiletten, Zeitungskioske, Wartehallen, alle „Made in Berlin". Stellen Sie sich vor: Unsere City-Toiletten sind dort inzwischen so berühmt, dass sich die Leute davor fotografieren lassen!

Was ist das für eine Sache mit den Toiletten?
Dann folgte die Ausschreibung für Berlin und ich hatte etwas zu bieten, womit die Konkurrenz nicht mithalten konnte. Keine der anderen Toiletten war für alle Menschen, behinderte und nicht-behinderte, geeignet und hatte zugleich nur geringen Platzbedarf. Dabei war die Lösung ganz einfach: Wir haben den Toilettensitz schwenkbar konstruiert. Das ist die Wall Innovation mit Weltpatent, auf die wir richtig stolz sein können.

Welchen Rat können Sie anderen in Sachen Innovation geben?
Innovationen und Ideen sind gefragt. Gerade junge Leute, Studenten können die Chance nutzen, sich selbständig zu machen. Alle haben Ideen. Irgendetwas kann jeder besser als der andere. Und wenn man eine gute Idee hat, die besser ist als das, was auf dem Markt ist – dann ist das Marketing nur noch reine Herzenssache.

Jeder kann etwas besser machen als andere

Was werden Sie als nächstes „erfinden", an welchen Ideen arbeitet die Wall AG derzeit?
In Hamburg läuft derzeit eine große Ausschreibung. Dorthin guckt die ganze Branche. Wir sind Mitbewerber und eins werde ich nie vergessen. Einen Tag vor der Ausstellung der Stadtmöblierer war ich vor Ort, da kam einer unserer Mitarbeiter auf mich zu und fragte: „Was machen wir mit unseren Segways?" Diese zweirädrigen Elektroroller sind Teil unserer neuen Idee zur Hundekotbeseitigung. Das System besteht aus Stelen, an denen die Hundebesitzer kostenlos recycelbare Papiertüten entnehmen können, und den Segways mit angebauten Hundekotbehältern. Meiner Ansicht nach genau das Produkt, was die Städte brauchen.

Das Gespräch führte Renate Gatzweiler, HLP Hirzel Leder & Partner

Winds of Change – die Conergy AG

Fabian Berg, HLP Hirzel Leder & Partner

Was wird nicht alles unternommen, um das Image des Unternehmens und das Markenbewusstsein seiner Produkte und Leistungen zu schärfen. Es fängt schon beim Firmennamen an – und geht mit dem so genannten „Claim" weiter. In der Theorie sollte ein Claim die Leistungsaussage und Kerneigenschaften der Organisation verdichtet formulieren, also mehr sein als ein Slogan oder eine Werbebotschaft für ein Produkt oder eine Dienstleistung. Leider wird das in der Praxis meistens verwechselt. Deshalb herrscht an aussagearmen und austauschbaren Claims, Value Propositions oder Wertversprechen kein Mangel. Bei T-Com heißt das dann: „Erleben Sie's einfach!" Was das mit Telekommunikation zu tun hat? Egal.

Es gibt aber auch Claims, die passen nicht nur zum Inhalt, sondern beeinflussen das Markenimage in besonderem Maße und tragen nachhaltig zur Kundenbindung bei. „Freude am Fahren" (BMW) ist dafür ein sehr gutes Beispiel. Im Fall der Conergy AG ist schon der Unternehmensname für einen Systemanbieter von regenerativen Energien gelungen. Und der Claim lautet: „Unsere Welt steckt voller Energie". Eine intelligente Wahl, werden darin doch Branche und Produktportfolio ebenso ausgedrückt wie ein indirekter Verweis auf regenerative, „natürliche" Energien – und natürlich der globale Anspruch.

Nikolaus Krane, Vorstand Conergy AG

Das Beispiel macht vielleicht deutlich, was Nikolaus Krane vom Vorstand der Conergy meint, wenn er sagt: „Das brand building von innovativen Produkten wird immer wichtiger." Im Rahmen des Forum „Best Practice im Innovationsmanagement" in Potsdam kritisierte Krane: „Wir sind bei Innovationen oft sehr technikgetrieben, zu wenig wird an der Emotionalisierung und Vermittlungsleistung der Produkte gearbeitet." Diesen Fehler will er bei der Conergy nicht machen. Stolz berichtet das Vorstandmitglied, für eines der Produkte einen Designpreis erhalten zu haben. Überspitzt gesagt: Da wirbt ein Vorstand offen mit der Verpackung seiner Produkte – und nicht mit dem Inhalt.

Erste Wahl für den Kunden

Dabei muss die Conergy mitnichten ihre Technologie verstecken. Der Systemanbieter ist das umsatzstärkste Solarunternehmen in Europa und zählt zu den international führenden Anbietern in weiteren schnell wachsenden Feldern der erneuerbaren Energien, wie beispielsweise der Bioenergie. Aber Krane weiß: Insbesondere bei Innovationen, die ja einen bewussten „Regelverstoß" gegen das vertraute Produkt, die bekannte Dienstleistung oder den üblichen Prozess darstellen, muss auf Vermittlung und Übersetzung besonderer Wert gelegt werden. Der klassisch-kausale Zusammen-

hang „form follows content" funktioniert nicht mehr. Wer will schon ernsthaft behaupten, die Mehrheit kaufe den iPod wegen seiner überragenden Technologie oder seines attraktiven Preis-Leistungs-Verhältnisses? Und doch sehen heute etliche Produktinnovationen wie unergründliche Ufos aus, als tummelten sich die potentiellen Kunden auf Mars und Jupiter.
Die Conergy AG verfolgt dagegen eine kundenfokussierte globale Wachstumsstrategie, die darauf abzielt, jedem Energieverbraucher weltweit die jeweils am besten geeigneten Produkte in den für erneuerbare Energien attraktiven Märkten anzubieten. Das gilt für Strom, Wärme oder Kühlung aus Solar-, Wind- oder Bioenergie. Nach nur fünf Jahren vermeldet das Unternehmen, als Gruppe auf fünf Kontinenten mit eigenen Niederlassungen vertreten zu sein.
Wesentlich für das rasante Wachstum ist laut Krane, dass bei der Conergy Innovationen „als ein Prozess verstanden werden, der nie aufhört." Unternehmensgründer und Vorstandsvorsitzender Hans-Martin Rüter wird im Geschäftsbericht 2006 deutlicher: „Wir schaffen das durch die Integration unserer Vertriebsmitarbeiter, Ingenieure und auch unserer Kunden in die Entwicklungsprozesse unserer Produkte." Die Kunden vor Ort betreuen, seine Bedürfnisse verstehen und daraus die Produkte weiterentwickeln – eine strategische Leitlinie, mit der die Conergy kaum alleine ist, die aber sehr konsequent angewendet wird.

Innovationen sind ein Prozess, der nie aufhört

In Frankfurt an der Oder baut die Conergy derzeit etwa die modernste Solarfabrik Deutschlands. Weil das Unternehmen bei seinen Lieferanten an seine Grenzen gestoßen ist und pro Jahr den Umsatz um 40 Prozent steigern will, produziert die Conergy demnächst auch eigene Solarmodule. Innerhalb eines Jahres will der Solaranbieter dort 600 bis 700 Menschen beschäftigen, am Ende sollen es allein an diesem Standort 1.000 sein, die mit den Modulen einen Umsatz von einer Milliarde Euro generieren. Das bedeutet, nicht ausschließlich mit innovativen Techniken und Produkten zu punkten. Hier heißt es auch, über den Rohstoff Silizium einen vollautomatischen Prozess aufzusetzen, der sich günstiger als bei Wettbewerbern darstellt, die nur Teile der Wertschöpfungskette abdecken.

Für die Conergy war es wichtig, nicht nur Photovoltaik im Portfolio zu haben. „Sonst wären wir zu verwundbar", findet Krane. „Wir streben an, in allen Produktfeldern erste Wahl für den Kunden zu sein. Dabei entwickeln und produzieren wir nur die Produkte, bei denen wir technologisch nachhaltig einen Vorsprung und günstigere Einstiegskosten generieren können", schreibt Rüter im Geschäftsbericht. „Die übrigen Produkte kaufen wir auf dem Weltmarkt auch weiterhin hinzu." Zum erfolgreichen Innovationsmanagement gehören für Nikolaus Krane deshalb auch immer wieder die richtigen „Make or Buy"-Entscheidungen.

Vision, Strategie und Struktur

Und wie würde Krane die wichtigsten Erfolgsfaktoren für Innovationen zusammenfassen? „Vision, Strategie und Struktur", antwortet er, „sowie eine Unternehmenskultur, die Dinge immer wieder in Frage stellen kann." Freilich brauche es dazu auch Mut und Risikobereitschaft sowie ein wirtschaftspolitisches Umfeld, das sich für seine Branche durch das Erneuerbare-Energien-Gesetz noch sehr positiv darstellt. Vorstandsvorsitzender Hans-Martin Rüder betonte dazu kürzlich in einem Interview: „Wir benötigen noch sieben bis acht Jahre politischen Schutz."

Die Dinge immer wieder in Frage stellen

Noch ist Deutschland die Solarnation Nummer eins. Vorstandskollege Nikolaus Krane machte aber in Potsdam deutlich, wie schnell Japan oder vor allem die USA aufholen. Schon jetzt liegen durch günstige Bedingungen bei Bausätzen für Fertighäuser die Systempreise für Solaranlagen in Japan unter den deutschen Preisen. Rüter und Krane finden, dass sie für die in Anspruch genommenen Fördermittel etwa am Standort Frankfurt/Oder auch viel zurückgeben: „in Form von Arbeitsplätzen, Steuern und klimafreundlicher Energieproduktion."

Es ist also vieles im Fluss bei der Conergy. „Unsere Welt steckt voller Energie" – und auch das zeichnet eine gute Value Proposition aus: Ein Management, das diese glaubhaft verkörpert.

Mit Menschen wachsen – die Uwe Braun GmbH

Kim Düllmann, HLP Management Connex und Fabian Berg, HLP Hirzel Leder & Partner

„In spätestens zehn Jahren möchte ich die 500 Millionen Umsatz-Grenze überschreiten und 1.000 Mitarbeiter beschäftigen", sagt Uwe Braun heute. Und vor nicht einmal zehn Jahren hätte ihm das niemand abgenommen. 1995 hat er angefangen in der sprichwörtlichen Garage, mit Plastikfolie vor den Fenstern und einem alten Donnerofen in einem für heutige Verhältnisse banalen Geschäftsfeld: „Außenbeleuchtung". Und heute

Uwe Braun, Geschäftsführer Uwe Braun GmbH

steht Uwe Braun mit seinem Geschäftsfeld vor einem riesigen Expansionsprojekt.
Mittlerweile ist das Unternehmen über 70 Mitarbeiter groß und demnächst gibt es in Golm einen zusätzlichen Standort. Dort sollen dann die 1.000 Beschäftigten Platz finden. Uwe Braun weiß: Das Wachstum wird nicht einfach werden. Es sei schon schwierig genug, die richtigen Mitarbeiter in dem hoch spezialisierten Feld zu finden. Zudem gebe es schlichtweg kaum Aus-

wahlmöglichkeiten: „Die guten Leute sind einfach rar."
Das gilt insbesondere für die neuen Bundesländer.

Mit ungewöhnlichen Methoden rekrutieren

Auch in der Gründungsphase war die Auswahl der passenden Mitarbeiter nicht leicht. Braun griff zu eher ungewöhnlichen Rekrutierungsmethoden. *„Chef holt seine Mitarbeiter aus der Kneipe",* titelte etwa der Berliner Kurier. „Das habe ich wirklich gemacht", sagt Uwe Braun. „Ich habe einen Mann lange in der Kneipe beobachtet, gesehen, wie er sich benimmt, wie er redet, habe ihn auf seine Kommunikationsfähigkeit hin geprüft und beobachtet, wie gründlich er arbeitet. Der Mann ist heute Controller bei mir. Er hatte eine Bankenlehre abgeschlossen und dann ein Jobangebot der Commerzbank. Das hat er ausgeschlagen, weil er bei uns anfangen konnte."

Die Situation hat sich geändert, das machte Braun im Rahmen des Potsdamer Innovationsforums deutlich. Wirklich gute Leute, die man braucht, um auf einem technisch hohen Qualitätsstandard innovativ zu bleiben, sind schwer anzuwerben. Das könnte auch daran liegen, dass die Uwe Braun GmbH eine Qualifikation sucht, die es auf dem Ausbildungsmarkt so nicht gibt. „Innovativ zu sein, macht auch Probleme. Es gibt einfach noch keine vergleichbaren Produkte und Ausbildungen."

Die Mitarbeiter, die ich suche, müssen Spezialisten sein

So ist das Dilemma der Uwe Braun GmbH nicht ungewöhnlich für innovative und gleichsam stark spezialisierte, mittelständische Unternehmen. Einerseits haben die heutigen Geschäftsfelder der Firma ein großes

Wachstumspotenzial. Der Bereich der Fahrzeugmodule und besonders die Sparte der Prozesstechnik werden in Zukunft stark expandieren können. „Prozesstechnik heißt Digitalisierung aller industriellen Produkte, und das auf der ganzen Welt. Wir sind das einzige Unternehmen, das das wirklich kann. Und deshalb wird dieser Bereich auch unser Wachstum erzeugen. Genau da liegt auch das Potenzial für Golm", betont Braun. Problematischer erweist sich andererseits die Aufgabe, das Mitarbeiterwachstum zu erreichen bei konstantem Anspruch, innovativ zu bleiben. Denn für eine Expansion bedarf es nicht nur Bürokräfte und Techniker. „Die Mitarbeiter, die ich suche, müssen Spezialisten sein; ich brauche Informatiker, Mathematiker, Bildverarbeiter, Softwareingenieure – alles Leute, die wir hier, im ostdeutschen Lenzen, nicht finden."

Standort in Nähe zur Wissenschaft

Uwe Braun hat sich mittlerweile dazu entschlossen, selbst Initiative zu ergreifen. „Es ist tatsächlich noch möglich, gute Mitarbeiter zu holen." Dabei kommt der Standortwahl mit Golm eine entscheidende Bedeutung zu. Denn das Bauprojekt mit einer Größe von 22.000 Quadratmetern liegt direkt am Campus der Universität Potsdam, in direkter Nähe zum Fraunhofer Institut,

sowie dem Max Planck Institut. Neben den Standorten Lenzen und Potsdam soll der neue Sitz in Golm also vor allem eines bieten: Attraktivität für neue Mitarbeiter. „Die Arbeitskräfte, die ich jetzt in Lenzen habe, sind sehr gut. Damals kamen sie noch von sich aus zu mir und haben gesagt: ‚Gut, wir machen bei dir mit'. Das ist heute anders, wir müssen um gute Mitarbeiter kämpfen."
Doch damit allein kann das Unternehmen seine Wachstumsziele noch nicht erreichen. Über das Abwerben und die Standortattraktivität hinaus, wird er deshalb einen weiteren Schritt gehen, um erstklassige Fachkräfte zu erhalten: „Ich bilde meine Leute jetzt selber aus." Dabei meint Uwe Braun nicht seine Lehrlinge, sondern eben jene hoch qualifizierten jungen Menschen, deren Ausbildung er auf der Begabtenschule und im Anschluss im Betrieb finanzieren will. „Es besteht wirklich ein Riesenunterschied zu den klassischen Lehrlingen. Die Qualität der naturwissenschaftlichen Fächer ist sehr hoch ausgeprägt. Ich muss diesen aufwändigen Weg gehen, denn von den normalen Lehrlingen habe ich nicht einen behalten", so Braun. Zurzeit beschäftigt Braun fünf dieser so genannten Hochbegabten.
Für Uwe Braun gehört eine individuelle Ausbildung des Nachwuchses untrennbar zum erfolgreichen Innovationsmanagement. Seine Erfahrung: Einzigartiges Wissen und Fähigkeiten können nur selbst vermittelt werden: „Es ist möglich, gute Mitarbeiter zu holen – aber Sie müssen bereit sein, dafür zu investieren."

Innovation ist Strategie, Prozessmanagement und Mind Set

Ein Gespräch mit Clemens Frowein, Gesellschafter von HLP Hirzel Leder & Partner

__Worin besteht die Kunst, immer wieder erfolgreiche Innovation zu betreiben?__
Die Basis bilden eine gute Strategie, professionelles Prozessmanagement, hohe Kompetenz im Projektmanagement und eine innovationsfreundliche Unternehmenskultur, nennen wir das mal „Mind Set". Dies miteinander zu verbinden, ist die Kunst.

Erfolgreiche Innovation zu betreiben heißt auch, nicht einfach nur neue Produkte zu „ertüfteln", sondern ein Gesamtkonzept zu entwickeln, das am Ende zu wirtschaftlichem Erfolg führt. Die gesamte Wertschöpfungskette ist bei jeder Innovation mit zu bedenken. Und es geht nicht immer um den großen Wurf, der ist eher selten. Die Erneuerung im Kleinen kann ebenso wertvoll sein wie große Innovationen – dies miteinander zu paaren, ist wichtig.

__Woran hapert es?__
Das Thema Innovation ist mit vielen Mythen belegt wie etwa „Innovation braucht Freiraum – Prozesse

sind schädlich". Doch immer wieder erfolgreiche Innovationen auf den Markt zu bringen, ist eher harte handwerkliche Arbeit. Diese Arbeit muss gestaltet werden als ein unternehmerisches System mit Prozessen, Methoden, Werkzeugen und geeigneten Arbeitsweisen. Mehr Gestaltungswillen beim Innovationsmanagement würde aus meiner Sicht vielen Unternehmen gut tun. Andere Geschäftsprozesse werden mit hohem Aufwand ständig optimiert und auf Effektivität und Effizienz getrimmt.

Innovationsprozesse müssen schneller, präziser und kostengünstiger werden

Von den 30.000 neuen Produkten, die in Deutschland jährlich auf den Markt gebracht werden, verfehlen laut Statistiken über 70 Prozent ihre Ziele klar bzw. werden als Flops gewertet. Das sagt einiges über die Qualität des Innovationsmanagements aus. Unternehmen werden es sich aber hierzulande nicht mehr leisten können, in diesem Kernprozess Schwächen zu haben. Innovationsprozesse müssen schneller, präziser und kostengünstiger werden – und öfter zum Ziel führen. Und Innovationsmanagement wird immer komplexer in Zeiten internationaler Märkte und integrierter Datensysteme. Wer das nicht beherrscht, verliert an Boden.

Wie kommen Unternehmen zu höherer Präzision?
Nach unserer Erfahrung gestalten Unternehmen ihre Innovationsprozesse häufig nicht holistisch genug. Innovation ist ein integrierter Prozess, bei dem alle Bereiche frühzeitig beteiligt sein müssen, von der Produktentwicklung/F&E über das Marketing, die Produktionsplanung, den Einkauf, die Produktion und Logistik bis

hin zum Vertrieb. Topunternehmen entwickeln in einer frühen Phase ein integriertes Gesamtkonzept, indem sie nicht nur die Produkte, sondern auch die Kommunikations-, Produktions- und Logistikstrategie designen. Dieses Konzept wird dann im Laufe der Entwicklung und Markteinführung zur Referenz. Eine solche konzeptionelle Kompetenz sehe ich als einen Schlüssel zum Erfolg. Ein schönes Beispiel dafür ist sicher das Denken in strategischen Plattformen, die für verschiedenste Produktkonzepte die Grundlage bilden.

Ein wichtiges Thema ist auch die Gestaltung und Verzahnung von Innovationsprozessen. Es gibt heute sicherlich eine Reihe von sehr gut entwickelten Modellen, wie zum Beispiel den Stage Gate-Ansatz. Unternehmen sollten ein passendes Modell wählen und in diesem Rahmen ihre Prozesse im Detail entwickeln und gestalten. Die beteiligten Mitarbeiter müssen dabei zum Teil komplexe Prozesse beherrschen. Dieses Prozesswissen muss gelernt und geübt werden.

Wie identifizieren Unternehmen gute Ideen?

Zunächst mal geht es um die anspruchsvolle Aufgabe, die guten von den weniger guten Ideen zu unterscheiden. Methoden wie Portfoliomanagement können hierbei sehr hilfreich sein. Wichtiger sind bei solchen Entscheidungen Erfahrung, Weitsichtigkeit und der berühmte „Bauchfaktor". Die Gestaltung entsprechender Entscheidungsprozesse spielt hier eine große Rolle. Das Topmanagement ist gefordert und muss sich zu Entscheidungen zwingen. Das kostet Zeit, ist mitunter mühsam und nicht ohne Risiko. Ressourcenallokation ist die Kunst. Wer die knappen Ressourcen auf die potenziell erfolgreichsten Konzepte verteilt, gewinnt.

Was ist strategisch zu tun?
Innovationen sind auch strategisch vorzubereiten, etwa durch eine kundenorientierte Marktsegmentierung. Wer sind die Kunden und was konkret wollen sie? Was sind nachhaltige Bedürfnisse? Und weiter: Worin besteht der Kundennutzen der Innovation? Worin besteht der Wettbewerbsvorteil und wie groß ist das Differenzierungspotential? Was ist das einzigartige Versprechen hinter der Innovation?

Im besten Fall wird für jede Innovation ein eigenes Geschäftsmodell entwickelt. Darunter verstehe ich ein strategisches Modell mit einem schlüssigen Angebotspaket, einem Wertschöpfungskonzept, das auf ein spezifisches Marktsegment bzw. auf eine Zielgruppe zugeschnitten ist.

Heißt das mehr Kundenorientierung?
Innovationen sind wertlos, wenn sie nicht von Kunden akzeptiert und gekauft werden. Unternehmen müssen Märkte und Kunden besser verstehen lernen, und zwar auf allen Ebenen. Unternehmen entwickeln zu wenig Prozesse und Arbeitsweisen, um regelmäßig mit Kunden zu kommunizieren. Bis hin zum Topmanagement sollten sich die Mitarbeiter regelmäßig bei Kunden aufhalten, mit ihnen sprechen, sie ergründen. Und dieses wertvolle Wissen um den Kunden muss geteilt werden – das ist zentrales Unternehmenswissen. Der Kunde kommt zuerst, das ist in jeder Phase der Innovation von hervorragender Bedeutung.

Unternehmen müssen Märkte und Kunden besser verstehen lernen

Und wie lässt sich das kreative Potenzial im Unternehmen bündeln?
Sehr gute Erfahrungen haben wir mit sogenannten „Innovation Labs" gemacht. Das ist ein Konzept, bei dem die Räume, die Zusammensetzung der beteiligten Personen und das methodische Vorgehen speziell auf die Entfaltung von Kreativität ausgerichtet sind. Solche Veranstaltungen entfalten einen guten Nährboden für wertvolle Innovationen. Andere erfolgreiche Konzepte im größeren Maßstab sind zum Beispiel „Project Houses" oder „Green Houses" wie sie bei Degussa oder Bayer eingesetzt werden. Interdisziplinäre Projektteams arbeiten in speziellen räumlichen Umgebungen in der Frühphase der Innovation. Das bringt ein hohes Maß an Kreativität und gegenseitiger Befruchtung.

Sie bezeichnen Projektmanagement als Kernkompetenz bei Innovationen...
... ohne die es nicht geht. Im Innovationsprozess gewinnt das Projektmanagement eine neue Qualität. Dem Unternehmen angepasste Methoden und Arbeitsweisen sind für erfolgreiches Innovationsmanagement gefragt. Ein Beispiel: Aus dem IT-Bereich kennen wir den Begriff des agilen Projektmanagements. Der Programmierungsprozess ist wenig planbar, deshalb ist das Projektmanagement in hohem Maße dynamisch und flexibel gesteuert – genauso ist es in der Anfangsphase von Innovationsprojekten. Ein ganz anderer Projektmanagement-Stil ist aber später bei der Umsetzung gefragt. Hier geht es um straff organisiertes, konzentriertes und präzises Arbeiten entlang vorgegebener Prozesse. Das Projektmanagement folgt dann zum Beispiel einem Masterplan-Konzept.

Projektmanager haben demnach eine anspruchsvolle Schlüsselrolle im Innovationsprozess. Unternehmen sollten in ihre Qualifikation investieren. Sie müssen die Strategie verstehen – und für die Anknüpfung der Ideen an die Strategie sorgen. Sie brauchen Leadershipqualitäten, müssen motivieren und begeistern. Sie müssen interdisziplinär denken. In der Frühphase brauchen sie einen flexiblen und offenen Managementstil, später müssen sie Tempo reinbringen und straff organisieren können.

Sollte jedes Unternehmen Innovationsmanagement betreiben?
Das hängt von der Strategie ab. Wenn ein Unternehmen auf Innovation im Wettbewerb setzt, dann sollte dieser Prozess natürlich eine Kernkompetenz sein und nicht dem Zufall überlassen werden. Aber Innovationsmanagement bezieht sich ja nicht nur auf Produkterneuerung. Auch die Entwicklung von innovativen Geschäftsmodellen und Prozessen kann im Vordergrund stehen. Das ist dann die Disziplin für Unternehmen, die strategisch auf Service- oder Kostenführerschaft

setzen. Sie müssen ihre Prozesse und ihr Geschäftsmodell ständig erneuern. Auch das ist Innovationsmanagement. Insofern ist die Antwort: Ja. Jedes Unternehmen ist aufgefordert, mit Innovationen erfolgreich zu sein und mit Innovationsmanagement die Wiederholbarkeit dieses Erfolgs sicherzustellen.

Das Gespräch führte Rainer Lange, HLP Hirzel Leder & Partner

Netzwerkmanagement – Innovation in den neuen Bundesländern

Jürgen Allesch, T+I Consult GmbH

In einer Wissensgesellschaft bestimmen Innovationen immer mehr die Wettbewerbskraft, wirtschaftliche Dynamik und Konkurrenzfähigkeit von Unternehmen. Arbeitsplätze werden vor allem dort erhalten und geschaffen, wo es gelingt, im Innovationswettlauf zu bestehen. Innovationsmanagement und Technologietransfer werden damit immer mehr zu den bestimmenden Faktoren unternehmerischer Tätigkeit. Nur mit einer angepassten Innovationsstrategie können Unternehmen in der aktuellen und zukünftigen globalen Entwicklung bestehen.

Unter den Bedingungen der neuen Bundesländer hat das Innovationsmanagement und der Technologietransfer ein besonders Gewicht. Die Unternehmensstruktur ist durch einen hohen Anteil kleiner und kleinster Unternehmen gekennzeichnet. Der Anteil F&E-intensiver Unternehmen ist im Vergleich zum Westen eher gering. Gerade von diesen Unternehmen gehen aber die entscheidenden Impulse für wirtschaftliches Wachstum und die Neustrukturierung der Wirtschaft aus. Managementkompetenz und Wissenstransfer können die Innovationstätigkeit der kleinen Unternehmen verbessern und ihre Wettbewerbs- und Leistungsfähigkeit erhöhen. Daher werden durch ein Innovationsmanagement, das an die spezifischen Belange der kleinen und mittleren Unternehmen angepasst ist, wichtige Impulse für die Förderung der ostdeutschen Wirtschaft ausgelöst. Die Entstehungsgeschichte vieler technologieorientierter Unternehmen aus den neuen Bundesländern zeigt eine starke Orientierung an der Technik und ist nicht vom Markt her bestimmt.

Innovation ist Kernaufgabe einer zukunftsorientierten Unternehmensstrategie

Wenn das Unternehmen ernsthaft an der Entwicklung neuer Produkte und Verfahren interessiert ist, muss es oft die gleiche Kreativität auf die Umsetzung konzentrieren, mit der es auch technologische Zukunftsvisionen entwirft. Der „Markt" lässt sich nicht durch ein neues Produkt „überraschen" sondern der Erfolg gebührt oft jenen Unternehmen, die mit Geduld, Ausdauer und Kreativität die Hindernisse überwinden, die einem neuen Produkt und seinem Markterfolg entgegenstehen. Innovation ist also in den wenigsten Fällen ein Selbstläufer, sondern die zündende Idee muss mit Überwindung von manchen Rückschlägen vorangetrieben werden.

Förderung für den Technologietransfer

Es hat seit 1980 im Westdeutschland vielfältige Bemühungen gegeben, das Defizit kleiner Unternehmen durch besondere staatliche Förderung des Technologietransfers und der Innovationsberatung auszugleichen. Eine beispielhafte Rolle hat hier die Steinbeis-Stiftung in Baden-Württemberg mit ihren zahlreichen Transferzentren in Baden-Württemberg, den übrigen Bundesländern und in anderen Nationen. Mit diesen intermediären Strukturen hatte Deutschland sowohl auf nationaler wie auch auf Länder- und Regionalebene gute Rahmenbedingungen geschaffen, kleine technologieorientierte Unternehmen in allen Fragen von Innovation zu unterstützen.

Ganzheitliche Unterstützung durch regionale Beratungsagenturen

Es überrascht daher nicht, dass nach der Wende bald Programme entwickelt wurden, um die bewährten innovationsunterstützenden Strukturen im Westen auf die Situation der ostdeutschen Wirtschaft zu übertragen. Dies führte 1992 zur flächendeckenden Gründung von 22 regionalen Agenturen für Technologietransfer und Innovationsberatung in den neuen Bundesländern. Zusammen mit den westdeutschen Agenturen besteht damit in Deutschland ein flächendeckendes Netz an regionalen oder technologiespezifisch ausgerichteten Innovationsberatungs- und Transfereinrichtungen. Kernaufgabe dieser anfänglich zu 100 Prozent geförderten Beratungseinrichtungen war es, den betrieblichen Innovationsprozess durch externes Innovationsmanagement zu begleiten – von der Entwicklung einer Produktidee bis zur erfolgreichen Vermarktung. Dieser ganzheitliche Ansatz erfordert in besonderem Maße die Beratung und Unterstützung in allen Fragen des Markteintritts, der Kundengewinnung und in der Mehrzahl der Fälle auch die Sicherung der Finanzierung auf allen Stufen des Innovationsprozesses.

Vertrauen für Kooperationen aufbauen

Innovation im Unternehmen benötigt also die Kooperation. Nur durch Partnerschaften kann ein Unternehmen die notwendigen Zeitabläufe und Ressourcen einsparen und im Wettbewerb bestehen. Während größere Unternehmen sich die erforderliche Unterstützung selbst organisieren können, benötigen kleinere und mittlere Unternehmen hierzu konkrete Hilfen.
Insbesondere High-Tech-Unternehmen müssen erst erkennen, dass sie nicht alles allein machen können. Sie sind auch auf die Kompetenz und die Unterstützung von Partnern angewiesen. Kooperieren heißt dabei nicht nur, faire Beziehungen zu den Netzwerkpartnern aufzubauen, sondern auch im eigenen Unternehmen eine Kooperationskultur zu schaffen. Hier ist der Topmanager in der Verantwortung, Distanz abzubauen und offen zu kommunizieren. Der Austausch von strategischen Informationen setzt Vertrauen voraus. Das gegenseitige Vertrauen stärkt die Einhaltung von mündlichen Vereinbarungen und schriftlichen Verträgen. In der Folge entwickelt sich das Netzwerk weiter.
Auf Grund der Entwicklung nach der Wende ist es allerdings nur wenigen Unternehmen gelungen, sich in zulieferorientierte Netzwerke einzugliedern. Eine Vernetzung allein unter ostdeutschen Unternehmen ist oft nicht ausreichend für einen nachhaltigen wirtschaftlichen Erfolg. Es fehlen größere, global vernetzte Unternehmen in räumlicher Nähe. Hier kann ein überregional ausgerichtetes Netzwerkmanagement wichtige Impulse geben.

Komplementäres Know-how ermöglichen

Je entwicklungsintensiver die Produkte sind, desto mehr sind die Unternehmen auf komplementäres Know-how angewiesen. Gerade kleine Unternehmen sind gefordert, dafür die nötigen Strukturen zu schaffen. Kooperationswillige Unternehmen sollten vor der Auswahl ihrer Netzwerkpartner in einem Profilvergleich die gegenseitigen Ressourcen prüfen: Welche Kompetenzen habe ich selbst? Welche Kompetenzen brauche ich? Wie bekomme ich Zugang zu den fehlenden Kompetenzen?

Auch bei der Zusammensetzung von Teams ist es wichtig, dass sich die Teilnehmer gegenseitig ergänzen. Es gilt, die Angst vieler Hersteller zu nehmen, dass Zulieferer ihre Kernkompetenzen übernehmen und damit zu Konkurrenten werden.

Natürlich bestehen Innovationsnetzwerke zwischen Unternehmen letztlich aus Beziehungen zwischen Menschen. Je mehr die Partner in der konkreten Zusammenarbeit erfahren, dass ihre Interessen berücksichtigt werden und sich aufeinander verlassen können, umso leichter entsteht ein Wir-Gefühl. Eine dauerhafte Win-Win-Beziehung baut auf der Einsicht auf: „Wir sitzen alle in einem Boot."

Auf Nachhaltigkeit in den Beziehungen setzen

Genau an diesem Punkt setzt „Netzwerkmanagement Ost NEMO" an, ein Förderprogramm des Bundesministeriums für Wirtschaft: Innovationsorientierte Zusammenschlüsse von kleinen und mittleren Unternehmen erhalten eine degressive Förderung eines Netzwerkmanagers. Dessen Aufgabe ist, das Netzwerk bei der Zusammenarbeit, bei der Entwicklung eines gemeinsamen Produktes und letztlich bei der gemeinsamen Markterschließung zu unterstützen.

Wandel in der Unternehmenskultur

Vertikale Innovationsnetzwerke sollten sich zu Lernnetzwerken weiterentwickeln. Trotz aller Festtagsreden über die Bedeutung von lernenden Organisationen zeigt eine empirische Studie, dass den in Netzwerken arbeitenden Mitarbeitern oft nicht bewusst ist, dass Lernen ein wichtiges Ziel ist. Die Erhöhung der Netzwerkkompetenz ist dabei ein wichtiges Lernziel. Dabei geht es darum zu lernen, mit Komplexität umzugehen. Denn die Zusammenarbeit in unternehmensübergreifenden Netzwerken ist weitaus komplizierter als die Interaktion in einem Team oder zwischen mehreren Bereichen in einem Unternehmen.
Wissen ist bekanntlich die einzige Ressource, die wächst, wenn man sie teilt. Aus Angst, selbst überflüssig zu werden, wird diese Ressource jedoch nur zögerlich geteilt. Insofern ist eine Änderung der Denkmuster

ebenso wichtig für erfolgreiches Netzwerkmanagement wie der Aufbau von fachlicher Kompetenz. Dabei kann die externe Schulung in Kreativitätstechniken helfen. Die Methoden helfen, aus alten Denkmustern auszubrechen, die Perspektive zu wechseln und bessere Alternativen zu finden. Sie schafft Freiräume im Denken und erweitert den Handlungsspielraum.

Netzwerkmanagement und Kooperation

Netzwerkpartner verlassen sich meist auf ihr Bauchgefühl und haben keine systematische Herangehensweise an das Management von Netzwerken, ergab die Auswertung von über hundert regionalen Netzwerkagenturen. So entstehen Differenzen und unnötige Konflikte: Die Partner haben unterschiedliche Vorstellungen, bringen diese aber nicht im Vorfeld zum Ausdruck.

Gesucht werden deshalb Netzwerkmanager, die über die notwendigen Fähigkeiten verfügen, zwischenmenschliche Netzwerke aufzubauen, zu pflegen und weiterzuentwickeln. Dazu gehören effiziente Methoden zur Definition von Zielen, der Klärung gegenseitiger Erwartungen und dem gemeinsamen Festlegen von Spielregeln. Gefordert sind ferner vernetztes Denken und kommunikative Fähigkeiten wie Überzeugen und Verhandlungsführung, Moderationstechnik zur zielfokussierten und konsensorientierten Steuerung von schwierigen Gruppenprozessen sowie konstruktive Konfliktlösung und Wirtschaftsmediation – insbesondere zwischen Unternehmen. Die Rolle des Netzwerkmanagers erfordert also eine authentische, integre und reife Persönlichkeit, die über Fingerspitzengefühl im Umgang mit Menschen verfügt und mit Gelassenheit

Netzwerkmanager als Innovationsmanager

auf neue Herausforderungen reagiert. Kompetente und erfahrene Mitarbeiter können auf diesem Gebiet ein spannendes und sinnstiftendes neues Betätigungsfeld finden. Denn Innovationsmanagement und Netzwerkmanagement sind eng miteinander verknüpft und gerade bei kleinen Unternehmen nie voneinander zu trennen.

Seit 1991 berät und begleitet der Autor ostdeutsche Unternehmen.

Innovation live – Partnerschaft für Management und Wissen

Matthias Hirzel, HLP Management Connex und Klaus-Peter Schulze, ZukunftsAgentur Brandenburg (ZAB)

Der Befund, der in diesem Buch vielfach skizziert wurde, ist eindeutig: Deutschland ist eine führende Nation bei Produktpatenten. Zwei von drei Ideen verfehlen jedoch ihre Ziele im Markt. Andererseits machen einige Unternehmen vor, wie sich Neuerungen erfolgreich vermarkten lassen. Die  Botschaft dieser Unternehmer lautet: Die hohe Kunst Spitzenleistungen zu erreichen, liegt im Innovations*management.* Erst damit werden Unternehmen immer wieder Gewinner im Wettbewerb.

Die HLP Management Connex, die ZAB ZukunftsAgentur Brandenburg und T+I Consult haben sich deshalb mit Unterstützung

Gewinner im Wettbewerb werden

des Bundesministeriums für Bildung und Forschung dazu entschlossen, eine Initiative für die neuen Bundesländer zu ergreifen. Unter dem Titel „Innovation live – Partnerschaft für Management und Wissen" verfolgt sie das Ziel, ein Netzwerk von Führungskräften

unterschiedlicher Unternehmen rund um das Thema Innovationsmanagement aufzubauen. Wissenschaft, Projektträger und Beratung unterstützen das „Networking".
„Innovation live" will die Innovationskraft der beteiligten Unternehmen stärken und ihre Wettbewerbsfähigkeit verbessern. Dazu werden Veranstaltungen, Klausuren, Benchmarks durchgeführt und Dialoge organisiert. Angesprochen sind insbesondere Manager aus Unternehmen der Länder Brandenburg, Berlin, Mecklenburg- Vorpommern, Sachsen, Sachsen-Anhalt und Thüringen. Noch im Jahr 2007 soll damit begonnen werden.

Best Practice Ansatz im Fokus

Die Idee ist ganz einfach: „Innovation live" bietet Plattformen für die gezielte Verbesserung des Innovationsmanagements und für die Nutzung unternehmensübergreifender Synergien. Es schlägt Brücken zwischen Wissenschaft und Wirtschaft und rückt den Best Practice-Ansatz ins Blickfeld: Manager und

Wissenschaftler können Wissen und Erfahrungen austauschen, Erfolgsrezepte studieren, Unterstützung erfahren. Sie können Kontakte knüpfen, Kooperationen anbahnen und Geschäftspartner finden.
Unsere Vision ist ein starkes Netz von und für Unternehmen. „Land der Ideen" ist das aktuelle Motto der politischen Offensive. Die Partnerschaft für Management und Wissen, „Innovation live", will die Ideen Wirklichkeit werden lassen. Sie bietet einen nachhaltigen Ansatz für Unternehmen, mit professionellem Innovationsmanagement Spitzenleistung zu schaffen. „Jeder Partner des Netzes erfährt einen unmittelbaren Nutzen und ist zugleich aufgerufen, einen Beitrag zu leisten und damit den Wert des Netzwerkes zu erhöhen", sagt Dr. Gerold Rüdrich, Geschäftsführer der HLP Management Connex GmbH.

Ein starkes Netz von und für Unternehmen

Das alles ist getragen von der Überzeugung, dass wir erfolgreiches Innovationsmanagement im partnerschaftlichen Austausch miteinander gestalten können.
Bei dem geplanten Veranstaltungszyklus mit jeweils einem Auftaktforum und Folgeklausuren soll sich eine große Zahl an Unternehmen aktiv beteiligten. „Innovation live" soll in den neuen Bundesländern als Marke für Spitzenleistung im Innovationsmanagement stehen. Eine flankierende IT Plattform (Community Builder) steht für das Netzwerk bereit und wird genutzt.
Die Initiatoren und Veranstalter schaffen damit einen Hebel für die Verbesserung der Innovationsfähigkeit in der Region – und legen die Grundlage für mehr praxisorientiertes, erfolgreiches Innovationsmanagement.

Lesestoff

Robert G. Cooper
Top oder Flop in der Produktentwicklung
Erfolgsstrategien: Von der Idee zum Launch,
Wiley, 2002

Henry W. Chesbrough
Open Business Models.
How to Thrive in the New Innovation Landscape
Mcgraw-Hill, 2007

Peter Senge, C. Otto Scharmer
Presence: Profound Change in People,
Organizations and Society,
Nicholas Brealey Publishing, 2005

Tom Kelley, Jonathan Littmann
The ten Faces of Innovation,
Random House, 2005

Andrew Hargadon
How Breakthroughs Happen:
Technology Brokering and the Pursuit of Innovation,
Mcgraw-Hill, 2003

Matthias Hirzel, Frank Kühn (Hrsg.)
Prozessmanagement in der Praxis,
Gabler, 2005

Matthias Hirzel, Frank Kühn, Peter Wollmann
Projektportfolio-Management,
Gabler, 2006